ESSAI SUR LES FINANCES.

ESSAI

SUR

LES FINANCES.

PAR G. C. FAIPOULT, Chef principal aux bureaux du comité de Salut Public.

A PARIS.

Chez POUGIN, rue des Pères, n°. 91.

Et au Palais Égalité, chez tous les Marchands de nouveautés.

24 Vendémiaire. an IVeme, de la République.

ESSAI
SUR
LES FINANCES.

CHAPITRE PREMIER.

Considérations générales sur les papiers-monnoyes.

Les actes des gouvernemens sont presque toujours commandés par les circonstances. Quand l'assemblée, *dite constituante*, créoit les assignats, la détresse de la trésorerie, étoit telle que, sans les assignats, elle eût été forcée de suspendre ses paiemens; et si cette suspension avoit eu lieu, qui sait ce que seroit devenue la France au milieu de la fermentation délirante qui régnoit alors?

C'est donc la nécessité qui fit mettre en circulation un papier territorial, un signe d'échange d'une nature nouvelle. La question de ses avantages fut traitée dans le tems, de toutes les manières imaginables. On vit dans les assignats le salut de la nation, et la chose est constante, ils ont sauvé la France. C'est une vérité qu'il est juste de reconnoître même au milieu des calamités sans nombre dont ils sont devenus le principe.

Des hommes de génie avoient conçu l'idée de ce papier monnoie ; il eût fallu que des hommes sages présidassent constamment à son emploi.

Quoiqu'on ait pu dire ou écrire, dans le principe, sur la nature, et à l'avantage de l'assignat, il est certain qu'il porte en lui-même un germe de discrédit, qui, à la longue, et sur-tout au milieu d'agitations intérieures, devoit inévitablement amener sa dépréciation ; pour s'en convaincre, il suffira de considérer un instant le méchanisme des relations commerciales, aujourd'hui si multipliées entre presque tous les peuples de l'Univers, et sur-tout entre les nations Européennes. Tout le monde sait qu'il se fait de l'une à l'autre un mouvement immense de produits agricoles et industriels. Delà résultent une infinité de paiemens, dont la plûpart s'acquittent en lettres de change. Mais quand une réunion particulière de circonstances oblige une nation à acheter plus qu'elle ne vend au-dehors, une partie des traités que l'étranger tire sur ses banquiers ou négocians, ne peut-être acquittée en espèces. C'est là la position où se trouvoit la nation Françoise à la création des assignats. Il falloit alors beaucoup d'espèces pour solder les comptes des subsistances achetées de toutes parts au-dehors ; dans le même tems les contre-révolutionnaires qui émigroient en foule, se munissoient d'espèces pour les frais de la guerre qu'ils méditoient contre leur patrie. Les espèces étant donc recherchées pour des opérations dans lesquelles l'assignat ne pouvoit servir, celui qui les possédoit y mit un prix pour les céder. Dès-lors s louis valurent plus de vingt-quatre livres en assignats. Dès-lors on vit l'assignat perdre plus ou moins contre l'argent, suivant la fréquence des opérations du gouvernement ou des particuliers qui exigeoient exclusivement des espèces. En général on doit remarquer que, pour que l'unité monétaire conserve invariablement la même valeur dans deux monnoies, existantes à la fois dans la circulation, fussent elles même toutes deux métalliques, il faut que toutes les deux puissent servir indifféremment aux mêmes usages. Si, dans plusieurs cas, il est reconnu que l'une peut servir plus avantageusement que l'autre, on donnera, à coup sûr, une prime pour recevoir la première plutôt que la seconde, pour peu que les cas dont il s'agit se répètent fréquemment. C'est ainsi qu'on a vu très-souvent les louis se payer douze et quinze sous, uniquement parce qu'ils étoient d'un transport plus facile que les écus. Une monnoie de papier dans son plus grand crédit ne peut servir qu'aux paiemens de l'intérieur. Avec la monnoie métallique, au contraire, on peut faire les mêmes paiemens, et outre cela ceux du commerce avec l'étranger. Il suffit de cette seule différence pour rendre en certains cas l'une plus recherchée que l'autre; et si l'effet de cette différence demeure peu sensible, tant qu'un peuple aura pour lui la balance générale de tous ses comptes avec les autres peuples, cet effet, au contraire, sera d'autant plus marqué, et croîtra plus rapidement que cette balance lui sera plus défavorable.

Mais on sentira aisément que cette chance d'inégalité de valeurs entre deux ou plusieurs monnoies, co-existantes dans la circulation, doit disparoître complètement; s'il existe des établissemens publics, où tout particulier, en tout tems, et pour quelques valeurs que ce soit, se trouve admis à échanger au pair la monnoie, dont, par circonstance, il ne peut se servir, contre celle que le genre de ses opérations exige. Voilà pourquoi une monnoie de papier, échangeable en tout tems, dans certaines caisses, pour des valeurs métalliques, se soutient au pair de l'argent.

En 1790, on a vivement soutenu que l'assignat, vu la solidité et la nature particulière de son hypothèque, pouvoit conserver toute sa valeur dans la circulation, sans qu'il y eût des caisses où chacun fût libre d'aller à volonté, le convertir en espèces. On a soutenu une erreur, et cela faute d'avoir songé quelles pouvoient être encore à cette époque les suites de la révolution. Du moment que le besoin exclusif des espèces s'est manifesté souvent, le papier n'a dû se prendre qu'à un cours inférieur. Nulle loi ne pouvoit le soutenir au paire. Son discrédit, une fois établi, a dû croître avec les émissions. Les émissions ont dû croître avec le discrédit, et le système de nos finances est devenu naturellement un cercle vicieux, dont la rotation accélérée ne peut plus admettre de modérateur, et ne s'arrêtera qu'au retirement des assignats.

Le premier mouvement déclinatoire de l'assignat avoit eu pour cause l'inaptitude de cette monnoie à remplacer les espèces dans toutes les natures d'échanges. Ce principe ne pouvoit avoir qu'un effet limité. Aussi le cours de l'assignat a-t'il été quelque tems stationnaire. Il commença à redescendre quand la guerre et l'augmentation excessive des dépenses publiques, eurent donné lieu à d'excessives émissions. Cette nouvelle cause, sans terme appréciable, a stabilisé le mouvement déclinatoire. Les choses parvenues à ce point, on sent que tout homme qui recevoit un paiement, assuré que quinze jours après ses assignats vaudroient moins qu'au jour présent, s'est efforcé de s'en débarrasser le lendemain ; et comment ? En achetant de objets dont la valeur intrinsèque lui paroissoit plus constante. Dès-lors toute la nation n'a plus été composée que d'acheteurs, et un renchérissement universel, comme sans limites, s'est trouvé organisé. En vain a-t'on cru l'arrêter par une loi de maximum, digne du treizième siècle, par des décrets contre les accapareurs et les agioteurs. Le renchérissement graduel se seroit opéré, quand il n'y auroit eu dans la société ni accapareur par spéculation, ni agioteur par métier. Il n'a fait que donner à ces hommes avides, l'occasion de jouer avec plus d'assurance et de profit.

Une circonstance qui a également contribué au discrédit de l'assignat, c'est l'impossibilité où nous nous sommes trouvés de payer en métal tout ce que nous achetions au-dehors, pour compte particulier ou pour le compte du gouvernement. On n'a pu se dispenser de faire avec l'étranger un grand nombre de marchés payables en assignats. Or, l'étranger rapportant tous ses calculs à la valeur du métal fin, et se voyant le maître de nous faire la loi par le besoin impérieux que nous éprouvions de ses bleds, et de quelques-unes de ses marchandises, n'a dû jamais prendre les assignats que sur le taux qui lui assuroit un accroissement de bénéfice. Cette seule particularité, dont l'effet se reportoit sur le cours de l'assignat dans l'intérieur, auroit suffi pour le faire descendre successivement.

Qu'il ne soit plus possible aujourd'hui de rétablir le crédit des assignats, c'est une vérité d'autant plus évidente, que l'on concevroit même difficilement comment notre circulation pourroit comporter treize ou quatorze milliards de papier monnoye au pair de l'argent. Quelque prochaine que l'on puisse supposer la pacification générale, on sera forcé à de nouvelles émissions très-considérables pour satisfaire aux dépenses. Ces émissions feront encore baisser le papier. Bientôt il ne vaudra plus la façon. Le gouvernement, sans doute, prévoit assez les événemens, pour méditer d'avance quel genre de circulation il conviendra de substituer à celle de l'assignat. Il est clair que la pénurie de numéraire nécessitera qu'on adjoigne un papier quelconque à la monnoie métallique. Se bornera-t'on aux cédules hypotécaires sur les domaines nationaux, qui présentent à la vérité une immense ressource? Mais elles ne seront pas propres à la plus grande partie des paiemens du commerce, qui exigent un papier plus circulant. On a proposé d'établir une banque hypothécaire, dont les billets seroient payables en cédules. Mais notre commerce extérieur est encore dans une telle situation que ces billets auront tous les désavantages attachés au papier qui n'est pas échangeable perpétuellement contre des espèces métalliques. On a vu plus haut ces désavantages et leurs suites. Il me paroît certain, dans l'état actuel de la France, que tout papier qui ne pourra pas se réaliser en valeurs métalliques à la volonté et au besoin du porteur, perdra contre les espèces, de manière qu'on n'aura fait que substituer à une monnoie avilie, une autre monnoie susceptible de l'être bientôt. Tout le monde s'accorde à penser que l'établissement d'une banque doit faire partie de notre systéme futur de circulation. Je me rallie entièrement à cette opinion. Mais dans l'organisation de cette banque, je mets pour condition essentielle que sa caisse sera toujours suffisamment garnie d'espèces, pour fournir aux besoins des porteurs de ses billets. Quelque difficulté que sa formation puisse éprouver dans le principe, c'est le seul genre de banque dont nous puissions aujourd'hui attendre un heureux effet.

CHAPITRE II.

Du remboursement des assignats.

Si l'assignat s'étoit soutenu au pair des espèces, ou à-peu-près, les prix de tous les objets de commerce se seroient probablement conservés assez semblables à ce qu'ils étoient en 1790, aux différences près, qui, à l'égard de certains, seroient provenues de l'augmentation des demandes, de la diminution des productions, de la rareté des moyens de transport, de la difficulté des relations avec l'étranger, etc.

Il est assez probable que la plûpart des prix ne seroient pas doublés.

Il est plus que probable que pour acquitter des marchés en vertu desquels le gouvernement paie aujourd'hui trois milliards à ses fournisseurs, cent millions lui auroient suffi.

Delà il résulte que maintenant, quand il sort trois milliards de la trésorerie nationale, ces trois milliards ne sont émis, ne sont délivrés que comme représentant une valeur d'à-peu-près cent millions.

Quelqu'un croira-t'il que si demain le gouvernement avoit à retirer de la circulation trois milliards d'assignats qu'il auroit délivré hier, il seroit obligé, pour éviter de violer les règles de la justice à l'égard de ceux qui les auroient reçus, de leur compter trois milliards en écus ou en valeurs équivalentes?

Ne seroit-ce pas, au contraire, prendre, contre toute justice, deux milliards neuf cents millions sur la propriété commune de tous les membres de l'état, pour en gratifier une portion d'entr'eux ?

Le raisonnement précédent démontre, jusqu'à l'évidence, que s'il étoit possible de supputer, par la combinaison des changes et des progrès successifs du renchérissement de tous les objets de consommation, quelles ont été, chaque jour, les valeurs réelles des sommes d'assignats sorties de la trésorerie nationale, on auroit, non pas un état exact, mais un état approximatif (1) des valeurs réelles dont le gouvernement se seroit constitué débiteur par l'émission de ces assignats.

Mais ce calcul seroit superflu. Car il ne donneroit pas l'état des individus à qui le gouvernement devroit restituer ces valeurs. Assurément ce ne sont pas ceux qui ont actuellement ces assignats dans leur porte-feuille; car tel qui est aujourd'hui possesseur d'un million d'assignats émis en 1791, et qui représentoient alors neuf cents mille livres espèces, les a reçus hier pour des marchandises qui, en écus, n'auroient valu que trente ou quarante mille livres en 1791.

Qu'on réfléchisse que pour faire droit à tout le monde, il faudroit, 1°. que chacun des hommes qui ont eu tel assignat dans leurs mains, avant qu'il parvînt à son possesseur actuel, reçût en restitution une partie de la valeur que l'assignat n'a perdue que par dégrés; 2°. que la répartition de cette valeur se fît entre tous, suivant le tems que chacun a eu l'assignat dans son porte-feuille, et suivant le décours du change; 3°. enfin,

---

(1) Cet état ne seroit encore qu'approximatif, 1°. parce que la supputation dont on présente ici l'idée, ne pourroit se faire sur des données générales et rigoureuses; 2°. parce que certaines classes de citoyens, tels que les rentiers et beaucoup de salariés, ont été forcés de recevoir les assignats sur le pied des espèces.

qu'un pareil calcul eût lieu pour chaque assignat, et l'on se convaincra qu'il est de toute impossibilité de faire rigoureusement droit à personne.

Résumons les observations qui précèdent.

1°. Il seroit absurde, si on retiroit le papier, de donner aux porteurs des douze ou quatorze milliards d'assignats qui circulent aujourd'hui, douze ou quatorze milliards en écus ou en valeurs foncières, estimées d'après des bases antérieures au bouleversement de tous nos prix, ou, enfin, en toutes autres valeurs équivalentes.

2°. On ne pourroit que d'une manière assez incertaine, fixer la somme de valeurs réelles que la république a reçues en matières ou en services, pour cette masse d'assignats, et que l'on pourroit regarder comme la vraie dette de la république.

3°. La juste liquidation entre ses légitimes créanciers, pour cause d'assignats, est impraticable.

Voyons maintenant ce qui se passe autour de nous. Il y a long-tems que chacun a perdu de vue la valeur que tel ou tel assignat pouvoit avoir à sa création. Chacun ne le considère plus que pour ce qu'il vaut aujourd'hui. Une partie de ceux qui l'ont eu successivement, se sont efforcés de rejeter sur autrui la perte qui résultoit de sa dégradation. Quelques-uns s'en sont dédommagés d'une manière ou d'une autre; excepté les rentiers et les salariés de la république, très-peu de citoyens sont conservés dans une position telle, qu'ils aient eu lieu de remarquer cette perte ou d'y penser encore (1). Elle est devenue insensible pour la grande majorité des individus, par l'amalgame d'une

(1) Si quelques créanciers ont été ruinés par des remboursemens, ils ne forment qu'un bien petit nombre, comparé à celui de tous les citoyens.

infinité d'intérêts particuliers. La plupart de ceux qui ont beaucoup d'assignats, voyant le petit nombre d'arpens de terre ou d'aunes de drap, ou de septiers de bled qu'ils auroient aujourd'hui par leur échange, ou pour lesquels ils les ont reçus, ne se font plus d'illusion sur leur compte. Le commerce, dont leur accumulation irrégularise tous les calculs, désire leur extinction, et en attendant, ne les colporte chaque jour que pour ce qu'ils valent. Il résulte de là que si on disoit à tous les citoyens : *portez vos assignats à telle caisse, vous y recevrez, ou en écus, ou en papier de commerce reconnu librement pour les valoir, ou enfin en titres hypothécaires très-négociables, et d'une solidité incontestable, une valeur très-supérieure à ce que vous trouveriez pour vos assignats en aunes de drap ou en écus, d'après le cours actuel de la bourse. Cette opération va rendre la circulation à son ancien état. Le gouvernement conserve à sa disposition une telle masse de moyens pour subvenir aux dépenses de la guerre et à celles de l'administration intérieure, que son crédit est rétabli pour jamais ; que tous ses paiemens sont assurés ; que sa dette inscrite est garantie à toutes les générations ; que, chaque sémestre, le rentier recevra désormais tout ce qu'on lui doit.* La proposition et la perspective consolante qui l'accompagneroit, seroient accueillies avec empressement. On s'éclaireroit rapidement sur les avantages du nouvel ordre de choses. Une immense majorité du peuple français rendroit grâces à ses législateurs. Chacun s'applaudiroit de la conclusion fortunée d'une tourmente qui fait des milliers de victimes, qui démoralise nos habitudes, et qui étouffe tous les germes de la prospérité publique.

CHAPITRE III.

Mesures qui doivent précéder le remboursement des assignats.

Pour effectuer le retirement des assignats sans secousse, plusieurs mesures préliminaires paroissent indispensables. Il faut auparavant avoir assuré le service de la trésorerie nationale, et pourvu la circulation d'une quantité convenable de signes d'échange que rien ne puisse discréditer, et qui suffisent à toutes les opérations publiques et particulières.

Une des choses dont on semble s'inquiéter, c'est la petite quantité de matières d'or et d'argent que l'on s'imagine aujourd'hui rester en France. Il est très-probable que sur ce point nous nous exagérons nos malheurs. Si nous avons acheté de l'étranger pour des valeurs énormes en subsistances et en matières premières ; si les émigrés ont exportés des louis et des écus, il est constant que nous avons vendu au-dehors tous les objets précieux dont la superbe accumulation étoit résultée du travail et de l'industrie nationale. Il est certain que beaucoup de français, redoutant de nouvelles catastrophes au sein de leur patrie, ont cru, par prévoyance, devoir neutraliser une partie de leurs fortunes, et que ces fortunes, rappelées une fois par la confiance, nous rendront des métaux. Il est certain qu'il en va rentrer à grands flots, par une conséquence de l'avantage que les capitalistes étrangers trouvent à acheter nos domaines (1). Il est certain que beaucoup d'articles de commerce, sont à meilleur marché en France, que dans le reste de l'Europe; qu'on viendra pendant quelque tems encore, nous les prendre et nous les payer. Toutes ces considérations nous garantissent que s'il restoit aujourd'hui en France trop peu de métaux précieux pour en saturer la circulation, cet état de choses ne seroit pas d'une longue durée. Hume, et depuis, tous les auteurs qui ont écrit sur l'économie politique, ont complètement démontré cette tendance, que les prix et les quantités de métaux précieux, ont à se mettre en équilibre dans tous les pays entre lesquels il existe des relations perpétuelles de commerce. Je pense donc qu'il sera facile aux espèces de reparoître dans les marchés et sur les comptoirs. La difficulté principale est de les faire reparoître à la trésorerie nationale, de manière que ses paiemens ne s'effectuent désormais qu'en métaux.

Il eût été désirable d'atteindre à la pacification générale de l'Europe, avant d'entreprendre un tel changement, parce qu'il eût sans doute présenté moins de difficultés; mais pour peu que la guerre dure encore six mois, il seroit difficile de la faire uniquement avec des assignats. D'ailleurs, il est naturel de penser qu'on pressent, à Saint-James et à Vienne, la crise monétaire à laquelle nous touchons, et que l'attente de cette crise éloigne la paix. On peut croire encore que les puissances ennemies, avant de conclure la paix, veulent connoître comment la constitution va

(1) Je suis bien loin de penser qu'il est avantageux que l'étranger achète nos terres; mais toujours est-il vrai que, par cela même, les métaux nécessaires à la circulation rentrent de toutes parts dans la république.

s'établir, et quel sera le début du directoire exécutif dans ses fonctions. Tout semble donc démontrer que c'est au milieu même des chocs de la guerre, que la république sera forcée de réformer sa monnoie.

Cette grande opération ne peut se faire à-la-fois, et d'une seule mesure : elle doit être préparée de quelque tems à l'avance, et elle exige le concours de plusieurs dispositions pour en assurer le succès.

Je ne parlerai pas de la sévère économie qu'il faut préalablement établir dans les paiemens de la trésorerie, dont on doit retrancher tous les paiemens, tels que ceux relatifs à l'approvisionnement de Paris, qui ne doivent pas faire partie de la dépense publique.

La première de toutes les mesures à prendre, pour forcer le retour des espèces à la trésorerie, est de décréter que le droit de timbre se percevra en espèces, ainsi que celui d'enregistrement pour tous les actes sujets à un droit fixe. Quant aux actes, dont le droit est une partie aliquote des valeurs qui y sont énoncées, on en peut faire aussi payer le droit en espèces, mais en le réduisant au quinzième de ce qu'il seroit en assignats, quand les valeurs énoncées seront exprimées en assignats.

On peut décréter en même tems que l'estimation de tous les objets qui composent l'importation et l'exportation nationales, sera faite en espèces, et que c'est avec des espèces seulement que s'acquitteront les droits d'entrée et de sortie.

On peut décréter que les trois quarts seulement du droit des patentes, se paieront en assignats; que l'autre quart, en le réduisant au cinquième de sa valeur, c'est-à-dire, au vingtième du droit entier, sera payé en espèces.

Enfin, si l'on observe que les produits agricoles se

vendent aujourd'hui, ou en espèces ou en assignats, à un prix qui représente, à celui qui le reçoit, autant et même plus de valeur métallique qu'il n'a jamais obtenu de ces produits, on sentira qu'il est de toute justice que la contribution foncière de tous les domaines ruraux, soit acquittée en espèces.

Toutefois il conviendroit d'excepter les biens, dont moitié de la contribution foncière doit, aux termes de la loi du 2 thermidor dernier, être payée en nature. Cette moitié continuera de s'acquitter ainsi qu'il est prescrit par cette loi, si essentielle pour les approvisionnemens du gouvernement; mais l'autre moitié qui, par une faveur spéciale, pouvoit, suivant cette loi, se payer en assignats, valeur nominale, peut très-bien se payer en espèces, puisqu'en adoptant ce mode de paiement, chaque propriété en définitif ne sera réellement imposée qu'autant qu'elle l'étoit en 1790 et dans les années suivantes. On observera seulement qu'il y auroit injustice de demander au propriétaire cette moitié payable en argent. Ce doit être au fermier à l'acquitter pour cette année; au fermier, à qui le décret du 2 thermidor conserve la faculté de payer, à son propriétaire, la moitié de son fermage en assignats, valeur nominale; cet avantage est tellement grand, qu'il ne sera pas même compensé par la charge de la moitié de la contribution foncière en espèces, si on oblige le fermier de la payer (1).

---

(1) Ceci se démontre par un calcul simple. Si l'on représente par 1 la totalité du prix en espèces de la récolte d'un domaine, la valeur de son fermage en espèces pourra être généralement exprimée par la fraction $\frac{1}{3}$, et la moitié de ce fermage par la fraction $\frac{1}{6}$, ou par la fraction $\frac{50}{300}$. Les assignats ne valant déjà plus que $\frac{1}{60}$ de l'argent, la moitié du fermage, acquittée en assignats,

Telle est une partie des premières dispositions qui me paroissent nécessaires pour donner naissance au retour des espèces à la trésorerie; mais il ne faut pas se dissimuler que leur effet ne peut être que tardif, et sur-tout fort limité en comparaison des besoins du gouvernement. Il faut des moyens plus prompts et plus puissans pour alimenter la caisse publique, dans un tems où ses dépenses sont encore si vastes et si multipliées. Je vais en parler à l'instant, après avoir exposé quelques réflexions sur la vente des domaines nationaux.

Il est évident que la fortune publique se dilapide par les adjudications qui s'en font journellement. Quelqu'élevées que soient les enchères en assignats, leurs prix, ramenés à une évaluation en marc d'argent fin, ne sont pas généralement au denier douze de leur revenu, évalué de la même manière. Les loix qui exigent l'offre en assignats de 75 fois, et même de 150 fois le revenu, pour provoquer l'adjudication, sont bien éloignées aujourd'hui d'être suffisantes pour prévenir la lésion des intérêts publics.

On ne proposera pas de suspendre provisoirement la vente des biens nationaux. Cette mesure donneroit trop d'apparence de fondemens aux coupables espérances des amis des émigrés et des Bourbons. Mais il

---

ne vaudroit que $\frac{1}{300}$ de la récolte; donc la faculté de payer cette moitié en assignats donne au fermier un bénéfice des $\frac{49}{300}$ de la récolte. D'un autre côté, la contribution foncière étant égale au cinquième du produit net, c'est-à-dire, du fermage, vaut $\frac{1}{15}$ de la récolte, et sa moitié en vaut $\frac{1}{30}$ ou $\frac{10}{300}$: d'où il suit qu'en payant cette moitié de contribution en espèces, le fermier restera encore avantagé, aux dépens du propriétaire, des $\frac{39}{300}$, c'est-à-dire, de près de $\frac{1}{8}$ de la récolte.

semble indispensable d'ordonner que toute adjudication ne sera prononcée qu'autant que le prix en assignats, rapporté à sa valeur en espèces, au cours du change que le directoire du pouvoir exécutif sera chargé de constater et de faire publier chaque mois dans toute la république, représentera au moins trente fois le revenu que le domaine seroit jugé susceptible de rendre en espèces, d'après ses produits en 1790 et années antérieures. Il faudroit ajouter dans la loi, que tout adjudicataire seroit, s'il l'aimoit mieux, libre de payer le domaine en espèces, au cours susdit.

Dans quelques mois même, il conviendra peut-être d'ordonner que les enchères ne seront reçues qu'en les exprimant en livres métalliques, et que l'adjudicataire paiera, à volonté, ou en espèces ou en assignats au cours.

On s'est plaint de la lenteur de la vente des biens des émigrés : elle tient à une cause qu'on ne peut trop hâter de détruire; mais il est toujours heureux qu'une moindre quantité de domaines nationaux ait été vendue à vil prix. Ce qui est évident, c'est qu'il importe d'autant plus d'empêcher des ventes aussi préjudiciables à la richesse publique, que les moyens de retirer les assignats et de pourvoir à la majeure partie des dépenses, ne peuvent se trouver que dans la valeur des domaines dont on n'a pas encore disposé.

Et pour réaliser ces moyens, il n'y a que deux mesures à prendre, en les faisant concourir ensemble. L'une est la confection générale des cédules hypothécaires sur tous les domaines disponibles; l'autre, est l'établissement d'une banque, constituée d'après les principes exposés au premier chapitre.

CHAPITRE

CHAPITRE IV.

Cédules hypothécaires.

Depuis que l'on a parlé, pour la première fois, de faire des cédules hypothécaires sur les biens nationaux qui ne sont pas encore aliénés, cette mesure auroit sans doute été décrétée, si l'on ne s'étoit encore flatté de pouvoir relever le crédit des assignats, et en conséquence, de se passer de ces cédules.

Une autre raison peut s'être opposée à leur adoption.

Ces cédules seront des promesses de payer, à une époque déterminée, une certaine somme moindre que la valeur d'estimation du bien national hypothéqué. Mais si la somme portée dans la cédule est exprimée en assignats, la valeur de la cédule restera incertaine et variable comme celle des assignats. En conséquence, personne ne voudra de ces cédules. Il est donc indispensable qu'elles soient la représentation d'une valeur fixe, c'est-à-dire, que la dette dont la cédule sera la reconnoissance, soit exprimée en livres ou francs de valeur métallique.

Jusqu'à ce moment, on a refusé d'entendre aux propositions d'admettre ce mode pour la fixation des valeurs, dans les transactions passées au nom du gouvernement. Il seroit peu utile d'examiner ici si l'on a eu tort ou raison. On remarquera seulement que cette circonstance a dû suffire pour faire mettre à l'écart le plan des cédules hypothécaires sur les domaines nationaux.

Mais, comme aujourd'hui le discrédit excessif des assignats prouve jusqu'à l'évidence qu'il n'y a plus rien à faire à leur égard, que d'aviser comment il sera possible d'en délivrer la circulation; comme parmi les moyens accessoires qu'on peut imaginer, il n'en est pas de meilleur que l'emploi des cédules sur les biens nationaux, il faut enfin s'occuper sérieusement de les faire servir à la restauration des finances, et pour remplir ce but, leur faire exprimer des valeurs en livres ou *francs* métalliques.

Il n'y a pas un instant à perdre pour ordonner que l'on procède à leur confection dans toute la république. Dans le cours du mois qui suivra le décret, le conservateur général des hypothèques, de concert avec le ministre des finances et les corps administratifs, pourra faire dresser, pour chacun des domaines reconnu propriété nationale, une cédule hypothécaire égale aux trois quarts de la valeur du bien hypothéqué, et qui sera sur le champ envoyée à la trésorerie nationale (1). Pour être sûr de ne pas dépasser la

---

(1) Pour assurer le crédit des cédules, et les rendre aisément négociables, il ne faut rien négliger de ce qui pourra contribuer à rendre authentique et incontestable l'estimation des domaines cédulés. Quand il s'agit de délivrer une cédule à un propriétaire, qui en requière la concession du conservateur général des hypothèques (loi du 9 messidor), le propriétaire fait une déclaration de la valeur foncière de son bien; le conservateur général la fait vérifier par une expertise, et il résulte de-là que le public est assuré que la cédule repose sur une valeur réelle et bien constatée. Mais il faut observer que cette certitude ne provient que de ce que le gouvernement, étant désintéressé dans l'opération, la vérification effectuée par son conservateur général ne peut paroître douteuse à qui que ce soit. Mais quand il s'agira d'asseoir des cédules sur les domaines nationaux, le gouvernement étant lui-même

valeur de chaque bien, on pourra ne la compter que sur le pied de trente-cinq fois son revenu net de 1790.

Ces cédules représenteront des valeurs en espèces.

Elles seront à terme de deux ans.

Elles produiront un intérêt annuel de trois pour cent en espèces, lequel intérêt sera escompté sur chaque cédule, au moment où elle sera passée à l'ordre de quelque particulier.

Le premier avantage de ces cédules sera de faire connoître la valeur de tous les biens nationaux qui restent à vendre.

Une partie de ces cédules sera le gage des porteurs d'assignats; l'autre partie servira aux dépenses publiques, soit en les employant elles-mêmes directement en certains cas, soit par leur négociation dans le commerce, ou avec la banque dont il sera parlé ci-après.

Il conviendra de déterminer quelles seront les cé-

---

aux droits du propriétaire des cédules, qui est la république, son agent ne peut plus opérer seul pour fixer la valeur de chaque domaine et de sa cédule. On pourroit avoir des doutes sur cette fixation, si l'on n'y appelloit le concours des corps administratifs du lieu du domaine.

On sent encore que le crédit des cédules, sur les biens des émigrés, tiendra nécessairement à ce que la législation, sur les faits d'émigration, soit arrêtée d'une manière invariable; mais toujours l'assiète des cédules, sur les biens dont les propriétaires n'ont pas réclamé contre leur inscription sur les listes des émigrés, peut avoir lieu sans aucun délai. Celles sur les biens dont les propriétaires se sont pourvus en radiation, pourront être différées jusqu'au prononcé définitif des autorités compétentes.

La réunion décrétée des pays conquis sur la maison d'Autriche, en deçà du Rhin, permet aussi de commencer a céduler les riches domaines qui, dans ces pays, viennent de devenir propriétés nationales.

dules affectées à la première destination, et rien ne pourra les en distraire. Elles seront mises dans une caisse qui se nommera *caisse de garantie* (1).

Quant aux autres cédules, elles seront recueillies et déposées dans une caisse d'où elles ne sortiront qu'en masse, et en vertu de lois spéciales, pour être mises à la disposition du pouvoir exécutif. Cette caisse s'appellera *la caisse de réserve*.

Tout porteur d'assignats sera admis à acquérir une cédule de la caisse de garantie qui, déduction faite de l'escompte à trois pour cent pour le tems à écouler jusqu'à son échéance, lui sera délivrée contre ses assignats, évalués à 50 pour cent au-dessus du cours de la bourse (2). Ces assignats seront anéantis aussitôt.

Quant aux cédules de la *caisse de réserve*, elles ne pourront être acquises qu'en espèces, ou en les recevant du gouvernement en paiement de fournitures, d'après des marchés dans lesquels ce genre de paiement seroit stipulé par accord des deux parties.

---

(1) D'après les principes développés dans le deuxième chapitre, il est aisé de fixer quelles valeurs de cédules il conviendra de mettre de côté, pour servir de garantie aux porteurs d'assignats. On pourra faire le calcul de tous ceux qui sont en circulation, et en supputer la valeur en espèces, au cours de la bourse. Cette somme en espèces représenteroit rigoureusement la valeur de tous les assignats en circulation, si tous les objets de commerce et de consommation étoient renchéris dans la même proportion que le louis; mais, comme tous les prix ne suivent pas la même ascension, il sera de la justice de porter plus haut la somme des cédules de garantie, et de la tenir au double de la valeur des assignats en circulation.

(2) Dans ces transactions, il faudra, pour déjouer les agioteurs, prendre le cours moyen, constaté officiellement, des vingt bourses qui auront précédé le jour de la transaction.

Si, comme on sera très-probablement obligé de le faire pendant quelque tems on a recours à de nouvelles émissions d'assignats, on prendra, de *la caisse de réserve,* des cédules, en quantité proportionnelle aux émissions, pour les mettre dans la *caisse de garantie,* en comptant les nouveaux assignats émis sur le même pied de valeur réelle que celui qui aura été adopté, lors de la formation de la *caisse de garantie.*

Le gouvernement sera autorisé à faire des emprunts dans les pays étrangers et amis, en donnant pour sûreté, aux prêteurs, des cédules de la *caisse de réserve.*

Il sera également autorisé à les négocier dans l'intérieur.

Tout le tems de la guerre, il devra lui être permis de les passer en paiement, à des fournisseurs, quand il pourra le faire à des conditions qui lui paroîtront favorables à la république.

Enfin, les cédules lui serviront pour acquérir des billets de la banque dont il sera question ci-après.

Tels seront les usages divers des cédules hypothécaires. On calculera bientôt l'étendue des ressources qu'elles présentent, pour relever le crédit public. Consacrons préalablement la fin de ce chapitre à l'énumération des mesures qu'il sera de la sagesse du corps législatif de prescrire dans la vente des biens nationaux, pour que le porteur de cédules en obtienne sûrement le paiement, à leur échéance, et ne puisse jamais rien perdre de leur valeur.

Il arrivera, ou que les domaines cédulés auront été vendus avant l'échéance de leurs cédules, ou qu'ils ne le seront pas encore à cette époque. Les deux cas méritent d'être examinés séparément, en observant que, dans toute hypothèse, il faudra que chaque receveur de district ait l'état exact des biens cédulés de son arrondissement.

Quand un domaine sera vendu avant l'échéance et la présentation de sa cédule, le receveur de district en donnera avis à la trésorerie, en gardant provisoirement le prix à lui payé par l'adjudicataire, qui sera en espèces ou en assignats, mais qui, dans tous les cas, si l'on a adopté la mesure législative proposée à la fin du précédent chapitre, ne pourra être, dans les deux manières, au-dessous de trente fois le revenu que le bien seroit jugé susceptible de rendre en espèces, d'après ses produits en 1790 et années antérieures.

Les commissaires de la trésorerie vérifieront si la cédule du bien vendu est de *la caisse de garantie* ou de *la caisse de réserve*.

Dans la première supposition, la trésorerie fera annuller la cédule et ordonnera au receveur de district de lui reverser les sommes reçues. Si le paiement a eu lieu en assignats, ils seront détruits; s'il a eu lieu en espèces, elles seront mises dans *la caisse de réserve*, qui restituera à *la caisse de garantie* une cédule égale en valeur à celle qui aura été annullée.

Le second cas, c'est-à-dire, celui où la cédule du bien vendu sera de *la caisse de réserve*, se subdivise naturellement en deux; car, ou la cédule se trouvera encore dans la caisse *de réserve*, ou elle en aura été déjà retirée pour être mise dans la circulation. Si elle est encore dans la caisse de réserve, le prix du bien vendu, en espèces ou en assignats, restera dans la caisse de la trésorerie; la cédule sera anéantie, et néanmoins sera comprise fictivement au plus prochain décret qui mettra des cédules de réserve à la disposition du directoire exécutif. Si, au contraire, la cédule est déjà passée dans la circulation, le receveur du district prélevera sur le prix qu'il aura reçu, et gardera, à titre de dépôt, une somme d'espèces égale à celle portée dans la cédule circulante. C'est avec cette somme qu'il acquittera la cédule, lors de son échéance et de sa présentation. Le prélèvement dont on vient de parler sera tout simple, quand le receveur de district aura reçu des espèces; mais quand il aura reçu des assignats, la trésorerie prendra tous les assignats, non pour les brûler, mais pour les faire servir à ses dépenses (1), et elle fera parvenir à son receveur de district la somme d'espèces dont il devra rester dépositaire.

CHAPITRE V.

Banque.

Je ne crois pas que personne propose jamais l'établissement d'une banque régie au compte de la république et administrée par des agens du gouvernement. Une institution de cette espèce seroit trop sujète à être travaillée par des mesures arbitraires, à laisser de l'inquiétude sur sa situation, et à servir spécialement à la fortune de ceux qui en dirigeroient les opérations. Elle ne pourroit ni obtenir, ni fixer la confiance. On

(1) Ces assignats ne seront point brûlés, parce que la cédule du bien dont ils seront le prix ne sera pas du nombre des cédules affectées à la garantie des assignats.

ne va donc parler que d'une banque formée par une société d'actionnaires, indépendante du gouvernement, laquelle déterminera elle-même le régime intérieur de son administration ; qui escomptera le papier de commerce ; qui prêtera aux propriétaires d'immeubles, sur leurs cédules hypothécaires, au gouvernement, sur les cédules de *la caisse de réserve ;* qui aura des bureaux dans les principales villes de la république; dont le papier s'acceptera librement et sera perpétuellement échangeable contre des espèces.

Il ne sera pas prudent de permettre à la banque de faire elle-même le commerce intérieur ou extérieur; car elle acquerreroit trop de puissance sur les prix et sur les opérations du commerce particulier. Mais peut-être pourra-t'on la laisser maîtresse, si son conseil d'administration le juge convenable à ses intérêts, d'élever et de posséder des fabriques et des manufactures dont ses grands moyens pourroient hâter la prospérité.

Si, comme on a lieu de le présumer, l'on revient à reconnoître l'avantage du systéme de l'impôt sur certains objets de consommation, la Banque pourra en entreprendre la régie, et, comme en Angleterre, verser ses produits d'une manière fixe et uniforme dans le trésor public.

Le capital de la banque sera de cent mille actions.

Soixante et quinze mille actions seront de quatre mille livres en espèces.

Chacune des vingt-cinq mille autres actions se délivrera à tout propriétaire qui fournira à la banque, des cédules hypothécaires sur ses biens, pour la valeur de vingt mille livres (espèces), et par lesquelles il s'obligera de fournir à la banque, la somme de cinq mille livres en espèces, dans le mois de la requisition qui lui en sera faite, et les quinze autres mille livres en trois autres paiemens distans entr'eux, et du premier, de l'espace de deux mois (1).

Lorsque les actionnaires propriétaires seront dans le cas de réaliser leurs engagemens envers la banque, elle leur paiera, à 4 pour cent, sans retenue, l'intérêt des sommes d'espèces qu'ils auront fournies, à compter du jour de leur remise jusqu'à celui où la banque jugera à propos de les leur restituer.

Quiconque aura ainsi acquis une action, par des cédules hypothécaires, pourra les retirer en avertissant trois mois d'avance et en restituant une action.

Tels seront le nombre, les obligations et les droits des actionnaires. Quand toutes les actions seront prises, la banque aura son crédit fondé sur un capital de trois cents millions en espèces, et de cinq cents millions en cédules ou cautionnemens immobiliaires.

Mais il convient d'examiner s'il est possible aujourd'hui de former un établissement aussi considérable.

Sans doute les actes arbitraires commis en matière de finances, sous le régime révolutionnaire, effrayent encore les capitalistes qui ont vu comment la caisse d'escompte a été dissoute, et sous quelles odieuses couleurs on a représenté cette association. Mais les circonstances ont changé; et indépendamment de ce que la scène est débarrassée des hommes immoraux ou systématiques que l'on peut regarder comme les seuls auteurs de tant de décrets subversifs du crédit public,

---

(1) Quiconque fournira donc à la banque une valeur cédulaire de vingt mille livres, devenant propriétaire d'une action dont on peut préjuger que le dividende annuel sera au moins de 250 francs, on voit que par cette opération, qui n'est au fond qu'un simple cautionnement, tout propriétaire pourra augmenter son revenu d'un et un quart pour cent.

la forme constitutionnelle des délibérations du corps législatif, si différente de la forme des délibérations d'une assemblée unique, s'oppose aux succès des propositions qui pourroient échapper à l'inconsidération, ou provenir de la malveillance. Il est impossible que les discussions sur les objets de finances ne soient désormais calmes, éclairées et fondées sur-tout sur les principes qui émanent du droit de propriété. D'ailleurs, le gouvernement ne peut plus se retrouver dans les mêmes extrémités où il s'est vu réduit. Ses dépenses diminuant nécessairement à la fin de la guerre, qui ne peut être éloignée, les idées étant éclaircies sur la possibilité de retirer les assignats et de conserver, après cette opération, des moyens immenses de crédit; enfin, le retour de la paix et de la tranquillité promettant aux arts, au commerce une grande prospérité, et aux opérations du trésor public les facilités qui doivent résulter d'une pareille situation, il est sûr que nuls événemens ne peuvent plus faire naître aux législateurs l'idée d'actes arbitraires et oppressifs, quand ils pourroient oublier combien ceux qui paroissent présenter au moment les plus grandes ressources, finissent par être funestes et désastreuses.

Toutes ces considérations ne peuvent échapper aux banquiers, négocians et propriétaires français, ni même aux capitalistes étrangers qui mettent leurs fonds sur les places de l'Europe, où ils trouvent le plus de sûreté et de profit. Il est probable que le premier noyau de la banque se formera par la réunion des principales maisons du commerce français. Le gouvernement peut les y inviter, en les assurant de la protection la plus étendue. Si elles se déterminent à commencer la société et à prendre les premières actions, leur exemple donnera l'impulsion aux autres capitalistes du dedans et du dehors.

Mais je vais parler d'un moyen pour accélérer la formation du capital de la banque.

Une des classes de la nation la plus intéressée à son existence, c'est celle des propriétaires de terres et d'établissemens industriels. Il paroît donc naturel de les appeler tous pour concourir à former son capital. Cet appel peut se faire par une loi qui n'aura rien d'injuste, ni d'inconvenant, puisqu'il en devra résulter des effets d'une influence et d'une utilité générale.

Cette loi portera que tous les propriétaires de biens fonds qui exploitent par eux-mêmes, ou afferment en nature, et tous les fermiers qui afferment en argent, seront tenus, sous deux mois, de verser dans la caisse du receveur de district une somme en espèces, égale à leur contribution foncière de 1793, et pour laquelle il leur sera acquis une portion d'action de la banque, proportionnelle à la somme versée. La même loi exemptera toutefois les propriétaires de maisons d'habitation, ou qui ne leur rapportent qu'un simple loyer. Les espèces versées en vertu de cette loi, seront transmises à la banque.

En conséquence, chaque propriétaire ou fermier deviendra actionnaire de la banque. Il ne manquera pas de voir rentrer ses espèces au bout de quelque tems, par la vente des actions dans lesquelles il aura un intérêt; car à mesure que le recouvrement d'espèces ordonné par la loi, avancera dans un département, il sera envoyé à son administration un nombre d'actions proportionnel à la somme perçue. Ces actions resteront en dépôt entre les mains de cette administration, jusqu'à ce qu'elle juge convenable de les faire vendre ensemble ou séparément, pour leur valeur être répartie entre les ayans droits, dont il aura été tenu des rôles particuliers (1).

Cet appel général de tous les propriétaires de la république doit nécessairement procurer de nombreux capitaux à la banque ; d'ailleurs, il fixera la confiance des capitalistes, qui verront le gouvernement protéger l'établissement, et l'appuyer d'une loi spéciale.

Un autre effet de cet appel sera de faire sortir les espèces des mains des habitans des campagnes qui les tiennent enfouies, et le bled des greniers du fermier, parce qu'il sera obligé de vendre pour satisfaire à l'appel (2).

Il sera nécessaire, au moins pendant trois ou quatre années, d'exempter la vente des actions du droit d'enregistrement.

Peut-être trouvera-t-on étrange la proposition de rendre une loi et de répartir une espèce de contribution sur toute la France pour la formation d'une société particulière. Mais sans cette société, quel moyen de faire reparoître le numéraire ? Sans elle, pouvez-vous jamais assurer la régularité et la promptitude des services du trésor public ? Qu'importent des profits considérables, si elle en fait ? Ils se répartiront entre cent mille individus. D'ailleurs, ce n'est qu'avec

---

(1) Chaque administration de département devra avoir à Paris un fondé de pouvoirs, pour stipuler au nom de tous les actionnaires du département, dans le conseil d'administration de la Banque.

(2) Une des causes majeures du renchérissement du bled, et de la disette factice dont on éprouve le fléau, c'est le peu d'intérêt que le fermier a à vendre son bled. Pourquoi le vendroit-il, quand déjà il regorge d'assignats ? Il faut donc l'y forcer par le besoin d'avoir de l'argent.

de grands capitaux disponibles, que l'on détermine la prospérité agricole, industrielle et commerciale d'une nation. La banque prêtera ses billets au gouvernement, sur des cédules hypothécaires provenant des biens nationaux; elle alimentera et avivera le commerce, par un papier qui circulera librement au pair des espèces; elle étendra de puissantes relations au dehors; elle y fera renaître, avec éclat, le crédit français. Ses viremens feront rentrer les métaux exportés; elle prêtera au commerce et à l'agriculture; elle ressuscitera la confiance dans les transactions particulières. Bientôt le propriétaire des matières premières fera crédit au fabricant, celui-ci au négociant, et le négociant au marchand en détail ou au consommateur. Le commerce se replacera sur ses véritables bases; et, ravivé par cette grande et primitive impulsion, il s'élancera vers les hautes destinées que lui garantit l'industrie française, accrue de toute l'énergie de la liberté.

CHAPITRE VI.

Résumé des moyens précédens.

Les moyens de préparer à la trésorerie nationale les facilités nécessaires pour rétablir ses paiemens en espèces, consistent donc,

1°. Dans l'acquittement en espèces des droits de de douane, timbre, d'enregistrement, d'une partie de celui des patentes, et d'une portion de la contribution foncière;

2°. Dans la création des cédules hypothécaires pour tous les biens nationaux non vendus ;

3°. Dans l'établissement d'une banque, en invitant les capitalistes à sa formation, et en y faisant concourir les propriétaires et les fermiers.

Mais en finance, comme en géométrie, il ne faut avancer que la mesure à la main. Essayons de calculer avec quelque précision, l'étendue des ressources qui doivent résulter de l'application de ces moyens réunis.

On supposera, par une appréciation très-réduite, le produit en espèces des droits du timbre, de l'enregistrement, des douanes et des patentes, pour l'année, à . . . . 60 millions.

La moitié de la contribution foncière, payable en espèces, produira bien . . . 100

La somme de billets que la banque pourra prêter au gouvernement, dans l'année, s'élèvera au moins à 400

TOTAL. . . . . 560 millions.

Mais cette somme, quoiqu'elle puisse équivaloir à plus de 25 milliards d'assignats au cours actuel, n'est qu'une foible partie des ressources de la république.

Il faut y ajouter la valeur des annuités non acquittées par les adjudicataires des domaines nationaux.

Il faut y ajouter toutes les cédules qui resteront à la disposition du corps législatif, après avoir distrait de la masse entière, tant celles qui auront été mises dans *la caisse de garantie*, pour représenter le gage des porteurs d'assignats, que celles qui seront passées à l'ordre de la banque, en échange de ses billets. Cette masse restante de cédules, montera au moins à trois milliards trois cents millions (1). Ces cédules, qui porteront intérêt à trois pour cent, seront susceptibles, par leur solidité et leur transmissibilité, d'être négociées en espèces, en les vendant dans l'intérieur, ou dans les pays étrangers, à des capitalistes dont le

(1) Voici un calcul fort approximatif de la valeur des cédules qui pourront rester à la disposition du corps législatif. Le rapport fait par Johannot à la convention nationale, au nom du comité des finances, sur les moyens de rétablir les finances et le crédit public, élevoit le revenu des domaines nationaux non vendus à cette époque, à trois cents millions. Pour être aujourd'hui plutôt au-dessous qu'au dessus de la vérité, je ne le supposerai que de 160 millions, lequel

revenu au denier 35, représentera un capital de.	5,600,000,000 liv.
Tous les rapports sur les pays réunis de la Belgique et contrées voisines, s'accordent à porter la valeur des propriétés, devenues nationales par la réunion, à	2,000,000,030
TOTAL.	7,600,000,000
Ce capital fournira des cédules pour. . . .	5,700,000,000

Je suppose maintenant que les émissions d'assignats qui restent a effectuer, les élèvent à 40 milliards. Leur dégradation au cours de change ne croîtra que trop certainement. Mais admettons qu'ils ne descendent pas au-dessous du quarantième de leur valeur, les 40 milliards en circulation ne vaudront, au cours du change, qu'un milliard en espèces. En conséquence, suivant

le plan proposé, la caisse de garantie n'absorbera de cédules, que pour.	2,000,000,000 liv.	2,400,000,030
L'échange des billets de la banque en demandera pour.	400,000,000	
Somme de cédules qui resteront disponibles. .		3,300,000,000 liv.

concours pourra être stimulé par quelques primes qui, fussent-elles de deux pour cent, n'éleveroient jamais qu'à cinq pour cent l'intérêt de ce genre d'emprunts. Or, quel est le gouvernement de l'Europe qui emprunte à de moindres conditions? Quel est celui qui peut offrir à ses prêteurs des sûretés aussi réelles, et qui peut, en conséquence, compter aussi fermement sur un crédit de plus de trois milliards?

Enfin, il ne faut pas oublier que les cédules ne représenteront que les trois quarts de la valeur effective des biens nationaux; que l'autre quart se réalisera à la vente de chaque bien, et que ce dernier quart peut valoir dix-neuf cents millions.

RÉCAPITULATION.

Produits des contributions et billets de la banque	560 millions.
Cédules disponibles sur les biens nationaux.	3,300
Excédent de la valeur des biens nationaux sur celle des cédules	1,900
Annuités non payées, et arriéré des contributions, *pour mémoire*. . . .	
TOTAL	5 760 millions.

Voilà les ressources dont l'existence peut paroître certaine, après avoir mis de côté tout ce qu'il faudra pour rembourser aux porteurs d'assignats une valeur double de leur papier.

Comment, et par quelle gradation convient-il de faire usage de ces ressources? Comment en régler l'emploi, pour opérer, sans secousse, l'extinction des assignats? C'est ce qui va faire l'objet du chapitre suivant.

CHAPITRE

CHAPITRE VII.

Application des moyens précédens.

Les lois qui ordonneront le paiement en espèces des contributions désignées dans le chapitre troisième, ainsi que la confection des cédules hypothécaires; celles qui concerneront l'établissement de la banque; celles qui arrêteront la dilapidation des revenus nationaux, résultante des prix actuels de leur adjudication, ne sauroient être trop promptement rendues.

Il faut tellement combiner ses mesures pour faire reprendre aux espèces leurs cours vers la trésorerie, et pour se procurer le secours de la banque et de ses billets, que dans trois ou quatre mois, au plus tard, une partie de chacun de ses paiemens se fasse en argent ou billets de banque, et le reste en assignats.

Les paiemens de la trésorerie doivent être distingués en plusieurs classes. Il y a,

1°. Ceux qui se font par sémestres ou par trimestres aux créanciers ou pensionnaires de la république.

2°. Ceux qui se font, par mois, aux fonctionnaires publics et aux employés.

3°. La solde des troupes de terre et de mer.

4°. Les paiemens pour secours et indemnités.

5°. Enfin, ceux relatifs aux marchés passés, ou qui se passent journellement pour des fournitures de tout genre.

Paiemens de la première classe. Créanciers et pensionnaires. Cette classe est dans une oppression cruelle. Depuis long-tems elle invoque envain la justice nationale.

Le paiement du second sémestre et du quatrième trimestre, de l'an 3eme, est ouvert. Je pense qu'il est indispensable de faire payer provisoirement à cette classe, la moitié du sémestre et du trimestre en assignats, à un cours approchant de celui du change; par exemple, en assignats, évalués seulement au vingt-cinquième de leur valeur nominale.

Quand la trésorerie aura plus de numéraire, on verra ce qu'il sera possible de payer en espèces sur l'autre moitié du sémestre et du trimestre, en complétant cette moitié en assignats au cours du change.

Paiemens de la deuxième classe : fonctionnaires et employés. Jusqu'à ce qu'on puisse les payer en partie en numéraire, on peut leur payer leurs anciens traitemens, pour les deux premiers mois, en assignats au dixième de leur valeur nominale; pour les deux mois suivans, en assignats au quinzième, et ainsi de suite, si les assignats continuent à se déprécier, jusqu'à ce qu'on puisse les salarier en partie en argent.

Paiemens de la troisième classe. La solde des troupes se paye déjà en partie avec du numéraire. Peut-être dans ce moment n'y a-t'il rien à changer dans cette partie. Toutefois on doit entendre à cet égard les ministres de la guerre et de la marine, pour ne jamais laisser un besoin réel des défenseurs de la patrie sans qu'il y soit pourvu.

Paiemens de la quatrième classe, secours et indemnités. L'application des lois sur les secours distribués aux noms de la justice et de la générosité nationale, est accompagnée d'abus si énormes et si multipliés, qu'il n'est pas possible de déterminer tout de suite le changement qui pourroit être fait au mode des paiemens en cette partie. Il faudroit préalablement un travail immense, pour effacer sur le rôle de chaque commune les noms des parens des défenseurs de la patrie, qui reçoivent les secours de la nation, et qui ne devroient pas en recevoir, parce qu'ils ont des moyens de subsistance, ne fût-ce que par leur aptitude à un travail quelconque. Mais comme la pacification générale est assez proche pour penser qu'elle aura lieu avant qu'un pareil travail puisse être fini; comme bien d'autres matières occuperont les administrations municipales, il convient peut-être de ne faire aucune innovation dans toute cette partie d'administration, et d'en faire les paiemens avec les assignats, comme on a fait jusqu'à présent. On peut en dire autant des secours qui se payent aux réfugiés Corses, à ceux de Saint-Domingue, et de quelques autres pays, jusqu'à ce qu'on ait eu le loisir de remédier aux abus qui existent dans leur distribution.

Quant aux indemnités que les décrets accordent pour pertes occasionnées par le feu, par les intempéries ou par les ravages de la guerre, les paiemens doivent en être faits en assignats, valeur nominale, parce que la fixation des indemnités est faite d'après les procès-verbaux, où les objets perdus ou détruits sont appréciés en assignats, à leur valeur nominale.

Paiemens de la cinquième classe, fournisseurs et entrepreneurs. Les fournisseurs et entrepreneurs dont les marchés se trouveront antérieurs aux nouvelles mesures que l'on pourra prendre, ayant eu soin de vendre au gouvernement, ou de contracter avec lui, à des prix d'autant plus élevés, que les assignats auront été plus dépréciés, il est évident qu'ils pourront être payés en assignats, valeur nominale, sans avoir lieu de réclamer contre ce mode de paiement (1). Mais comme le but sera de rétablir insensiblement la circulation des espèces, on pourra, dès que le trésor public sera jugé en avoir suffisamment pour cela, payer une partie de ce qui leur sera dû, en espèces représentatives de sommes d'assignats, calculées au cours du moment.

Quant aux marchés qui seront à passer après les nouvelles mesures, ils pourront être stipulés en espèces, avec la réserve, toutefois pour le gouvernement, de pouvoir faire telle portion qu'il voudra de ses paiemens, en assignats au cours du change.

Tel est le système général de paiemens que je propose d'adopter pour la trésorerie. Déjà elle aura fait un grand pas vers la justice, en commençant à effectuer, ainsi qu'il vient d'être dit, une partie de ses paiemens en assignats, à des cours qui tireront d'oppression les parties prenantes. Dès que la perception des espèces, par le moyen des impôts, deviendra sensible, et que les relations de la trésorerie s'ouvriront avec la banque, elle composera ses paiemens d'une partie en espèces et d'une partie en assignats; elle augmentera ensuite par degrés la proportion des espèces, jusqu'à ce qu'enfin la banque étant en pleine activité, les cédules hypothécaires confectionnées et accréditées,

(1) Ceci ne signifie pas qu'il n'y ait tel entrepreneur, ou tel fournisseur qui ne puisse être fondé à alléguer une lézion imprévue dans l'exécution de ses engagemens, et dont le gouvernement lui doive justice.

l'étranger familiarisé avec elles, la petite monnoie d'argent et celle de cuivre assez multipliée pour les échanges, le moment soit venu de déclarer que la monnoie métallique seule aura un cours forcé, que les assignats seront une monnoie libre, que tout propriétaire d'assignats sera le maître de les porter dans des bureaux établis à cet effet, où leur valeur sera comptée sur un pied double de la valeur qu'ils auront dans le commerce au moment de la loi; qu'en échange on lui donnera une cédule prise dans la caisse de garantie, ou une coupure de cédule, portant intérêt à trois pour cent en espèces, et dont il touchera la valeur à la vente du domaine affecté à la cédule.

Telle seroit la dernière des opérations du systême, dont le but principal est de rétablir la circulation des espèces par degrés insensibles et d'adoucir la sévérité, inévitable dans tous les plans, du moment où l'assignat cessera d'être monnoie. Mais ce systême ne peut être appliqué avec succès, à moins que le gouvernement ne l'adopte dans son ensemble et ne demeure ferme et invariable dans sa marche préparatoire. Parmi toutes les opérations proposées, il n'y en a point qui ne soit essentielle à la réussite du plan. Mais celle que l'on peut regarder comme la plus importante, c'est la formation de la banque. Ses billets seuls peuvent remédier à la pénurie des espèces, et c'est avec elle que la trésorerie négociera principalement les cédules hypothécaires.

J'ai médité avec attention le plan de la banque hypothécaire du citoyen Mangin; il est vaste; il annonce l'étendue des vues et des connoissances de son auteur. Mais jamais on ne s'accommodera dans le haut cours des transactions particulières, et à plus forte raison, sur les comptoirs et dans les marchés, d'une espèce de billets échangeables seulement, à la volonté de la banque, contre des cédules et non contre des espèces. Ce billet ne sera pas propre à l'universalité des opérations du commerce, au banquier qui aura à payer à l'étranger, et ce cas arrivera souvent dans les circonstances actuelles. Or, on a vu au commencement de cet essai, que toutes les fois qu'une monnoie de papier ne peut avoir, sans exception, tous les usages de la monnoie espèces, elle doit, par cela seul, avoir un cours différent des espèces; et du moment qu'elle perd, il y a toujours possibilité de telles ou telles circonstances, qui empêcheront les plus habiles de déterminer où le mal doit s'arrêter.

Ce principe m'a paru tellement évident, que je n'ai cru devoir proposer pour la banque que des billets perpétuellement échangeables contre de l'argent. Avec un capital de trois cents millions en espèces, et de cinq cents millions en immeubles, la banque pourra, sans forcer aucune proportion, émettre un jour pour douze cents millions de billets. Cette quantité suffira très-probablement à tous les besoins.

On ne manquera pas de remarquer que ce systême va mettre sur la place une multitude d'effets négociables. Il y aura des cédules sur les biens nationaux, des cédules sur des propriétés particulières et les actions de la banque. On ne manquera de voir dans cette organisation un aliment immense pour l'agiotage. On réclamera contre le prétendu retour de la puissance des banquiers.

Ceci mériteroit une trop longue discussion pour trouver sa place ici. Je dirai seulement que depuis quelques années, l'on s'abuse étrangement en France sur le compte des capitalistes. Ils sont de première nécessité dans une grande nation. J'ajouterai qu'il vaut mieux que les plus avides trouvent à agioter sur des cédules ou sur des actions de la banque, que sur les denrées et sur les consommations du peuple. D'ailleurs, dans le plan dont il s'agit, le propriétaire de terre peut devenir actionnaire de la banque, comme le capitaliste. Il peut, par la négociation de ses cédules, obtenir à la banque tous les fonds nécessaires pour améliorer ses cultures. Toutes les classes sont avantagées; la banque pourra assurer les récoltes contre les intempéries, les maisons contre les incendies; se charger des paiemens du commerçant, soit au-dehors, soit au-dedans de la république; en un mot, elle pourra embrasser tous les objets que le citoyen Mangin donnoit à sa banque hypothécaire. Si elle ne veut pas étendre à ce point ses opérations, son exemple encouragera, pour ces objets divers, des associations particulières que le gouvernement sera assez sage pour ne plus voir défavorablement. Enfin il se trouve dans le systême que je propose, des moyens de donner une activité immense à la circulation; et si l'effet de son application est que l'agriculture prospère, que l'industrie de l'artiste et du manufacturier soit éguillonnée par de grandes consommations et par la facilité du crédit, que les classes laborieuses soient constamment occupées, je ne vois pas quel mal il pourra résulter des fortunes qui naîtront peut-être de quelques spéculations passagères, sur les cours d'effets négociables dont il ne tiendra qu'au gouvernement de limiter d'autant plus les oscillations qu'il se montrera plus sage, plus juste et plus éclairé.

Ce sont ces trois dernières circonstances qui influeront toujours le plus sur le crédit, la prospérité et le bonheur d'une nation.

CHAPITRE VIII.

Observations sur deux plans de finances récemment publiés.

Il me reste à parler de deux ouvrages qui ont paru récemment sur les finances. L'un est celui qui a pour titre : *Donnons notre Bilan.* Il est plein d'idées excellentes ; il présente un plan conçu avec sagesse, et sur des principes dignes de la loyauté nationale. L'auteur reconnoît l'urgente nécessité de demander l'impôt et la fixation des prix d'adjudications des biens nationaux en monnoies métalliques.

Mais pour faire son Bilan, il conseille une estimation générale des biens avant de procéder à la confection des cédules. Je crois que la première opération retarderoit trop la seconde. Le Bilan seroit très-long à dresser, si on veut le faire assez complet pour que l'on croye à son exactitude et à sa fidélité.

L'auteur propose de faire le partage de toutes les cédules entre les porteurs d'assignats ; mais aujourd'hui ce seroit donner gratuitement à d'autres que ceux qui ont perdu. Je crois avoir rendu sensible cette vérité. Or, puisque par-là, on ne feroit pas justice à ceux qui ont à réclamer, il me semble qu'il vaut mieux faire usage d'une partie des cédules pour assurer les services de la dépense publique après l'extinction des assignats. Jamais nation n'aura eu à sa disposition d'aussi grands moyens pour élever sa prospérité. Dailleurs, les établissemens publics demanderont une multitude de travaux réparateurs que l'on ne pourroit jamais payer avec le revenu ordinaire.

Le second ouvrage dont j'ai à parler est le mémoire du général Montesquiou, sur les finances. On y retrouve les talens et la facilité de l'auteur du compte général des finances rendu à l'assemblée constituante. Après avoir exposé, d'une manière lumineuse, les véritables droits des porteurs d'assignats, l'auteur propose de les retirer tout-à-coup de la circulation, à quinze cents millions près, et de les rembourser avec une partie des domaines nationaux. Il réserve le reste pour servir directement aux dépenses et à la prospérité publique. J'apperçois dans cette démonétisation subite, dénuée de mesures préparatoires, les dangers du choc le plus violent. Ma crainte est fondée sur les observations suivantes :

Le lendemain du décret qui démonétiseroit pour environ dix milliards d'assignats, sans qu'il restât dans la circulation d'autre monnoie que les assignats conservés et le numéraire espèces que tout le monde resserreroit plus que jamais, tous les paiemens du commerce cesseroient ; car ceux qui n'auroient que des assignats démonétisés ne pourroient rien payer, et ceux qui auroient les assignats conservés, curieux d'attendre tout l'effet de la concurrence qui devroit bientôt avoir lieu pour les acheter, les donneroient si difficilement, que tout le reste de la nation en manqueroit ; le manufacturier, sur-tout, n'auroit rien pour salarier ses ouvriers ; la production seroit paralysée, le désespoir et la confusion universels. Il n'y a pas de gouvernement qui ne se brisât dans une pareille convulsion.

Mais admettons qu'il résiste à une crise aussi terrible; quelles pourront être ses opérations subséquentes ?

Quand la monnoie d'une nation change de valeur, il faut beaucoup de tems pour que chacun des objets de commerce se mette au prix qu'il doit naturellement avoir dans le nouveau systême monétaire; c'est-à-dire, pour que tous les prix se retrouvent entr'eux dans les mêmes rapports où ils étoient avant le changement. Cet effet est si démontré pour les circonstances où il y a dégradation de valeur dans le signe d'échange, qu'aujourd'ui les rapports entre les prix sont encore très-altérés, et que nous sommes bien loin du systême d'équilibre qu'ils présentoient en 1790. Le même effet auroit lieu, en sens inverse, dans le plan du général Montesquiou. Les quinze cents millions d'assignats qu'il conserve, se relèveroient assurément de valeur; mais tous les prix ne baisseroient pas dans les mêmes proportions; et, d'ailleurs, cette baisse ne s'opérant que graduellement, le gouvernement auroit encore long-tems ses fournisseurs à payer à des prix supérieurs à ceux de 1790.

La prolongation des hauts prix, le désordre qui règne dans toutes les dépenses administratives, et qu'on ne peut faire disparoître que par degrés; les sommes énormes qu'il faudra payer encore pour les dépenses de la guerre et de la marine, quand la paix se feroit sur-le-champ; beaucoup d'autres circonstances, enfin, s'opposeroient à ce que l'on pût calculer ce qui doit être regardé comme *la dépense ordinaire*. Les besoins de la trésorerie étant de tous les instans, on ne conçoit pas avec quoi elle continueroit ses paiemens. Le général Montesquiou se réserve, pour ressource, cinq cents millions d'annuités, et tous les domaines nationaux excédens les deux milliards qu'il donne aux porteurs d'assignats démonétisés; mais ces ressources ne sont pas une monnoie courante, propre aux paiemens du jour, du lendemain ou du mois. Il faudra changer les annuités contre de la monnoie, ou en emprunter sur les domaines. Or, j'ai fait remarquer la répugnance que les possesseurs d'assignats conservés monnoie, manifesteroient à s'en défaire. Si, pour les y déterminer promptement, la trésorerie leur offre de prendre leurs assignats au pair de valeurs réelles en annuités ou en créances sur des domaines, elle perdra énormément à un pareil marché, parce que, avec cette monnoie payée si cher, le gouvernement n'achètera cependant que de petites quantités d'objets de consommation. Il aura bientôt, dans un systême si ruineux, épuisé ses annuités et ses domaines.

Il y a plus, il ne trouvera pas, même avec de pareils sacrifices, assez tôt, et en assez grand nombre, les prêteurs qui lui seront indispensables. Il sera forcé de payer *avec des promesses de payer*. Ce seront des assignats d'une nouvelle espèce, dont les émissions seront encore illimitables, qui auront leurs oscillations avilissantes comme les anciens, et qui entraîneront dans leur discrédit et dans leur catastrophe, les quinze cents millions d'assignats conservés.

Telles sont les observations que je soumets au jugement du public, sur deux ouvrages qui ont mérité et fixé son attention. Du reste, je me réunis à leurs auteurs, pour penser que tout doit déterminer le gouvernement à prendre enfin un parti sur le plan qu'il doit préférer. S'il sommeille encore quelque tems sur une matière aussi importante, il est impossible de calculer les maux qui naîtront de son inertie.

FIN.

www.ingramcontent.com/pod-product-compliance
Ingram Content Group UK Ltd.
Pitfield, Milton Keynes, MK11 3LW, UK
UKHW031959260826
14628UKWH00005B/2166

9 782013 282628